中华人民共和国行业推荐性标准

高速公路改扩建交通工程及沿线设施设计细则

Guidelines for Design of Traffic Engineering and Facilities of Expressway Reconstruction and Extension

JTG/T L80—2014

主编单位：中交第二公路勘察设计研究院有限公司
批准部门：中华人民共和国交通运输部
实施日期：2015 年 03 月 01 日

人民交通出版社股份有限公司

图书在版编目（CIP）数据

高速公路改扩建交通工程及沿线设施设计细则：JTG/T L80—2014／中交第二公路勘察设计研究院有限公司主编．— 北京：人民交通出版社股份有限公司，2015.2
ISBN 978-7-114-11999-6

Ⅰ．①高…　Ⅱ．①中…　Ⅲ．①高速公路—改建—道路工程—设计标准—中国②高速公路—扩建—道路工程—设计标准—中国　Ⅳ．①U418.8-65

中国版本图书馆 CIP 数据核字（2015）第 013782 号

标准类型：	中华人民共和国行业推荐性标准
标准名称：	高速公路改扩建交通工程及沿线设施设计细则
标准编号：	JTG/T L80—2014
主编单位：	中交第二公路勘察设计研究院有限公司
责任编辑：	李　农
出版发行：	人民交通出版社股份有限公司
地　　址：	（100011）北京市朝阳区安定门外外馆斜街 3 号
网　　址：	http://www.ccpress.com.cn
销售电话：	（010）59757973
总 经 销：	人民交通出版社股份有限公司发行部
经　　销：	各地新华书店
印　　刷：	北京市密东印刷有限公司
开　　本：	880×1230　1/16
印　　张：	2.75
字　　数：	56 千
版　　次：	2015 年 2 月　第 1 版
印　　次：	2023 年 3 月　第 3 次印刷
书　　号：	ISBN 978-7-114-11999-6
定　　价：	30.00 元

（有印刷、装订质量问题的图书，由本公司负责调换）

中华人民共和国交通运输部

公 告

第 71 号

交通运输部关于发布《高速公路改扩建交通工程及沿线设施设计细则》的公告

现发布《高速公路改扩建交通工程及沿线设施设计细则》(JTG/T L80—2014),作为公路工程行业推荐性标准,自 2015 年 3 月 1 日起施行。

《高速公路改扩建交通工程及沿线设施设计细则》(JTG/T L80—2014)的管理权和解释权归交通运输部,日常解释和管理工作由主编单位中交第二公路勘察设计研究院有限公司负责。

请各有关单位注意在实践中总结经验,及时将发现的问题和修改建议函告中交第二公路勘察设计研究院有限公司(地址:武汉市汉阳区鹦鹉大道 498 号,邮政编码:430052),以便修订时研用。

特此公告。

中华人民共和国交通运输部
2014 年 12 月 23 日

交通运输部办公厅   2014 年 12 月 24 日印发

前　言

根据交通运输部厅公路字〔2010〕132号文《关于下达2010年度公路工程标准规范定额等编制和修订工作计划的通知》，由中交第二公路勘察设计研究院有限公司承担《高速公路改扩建交通工程及沿线设施设计细则》的制定工作。

本细则的编制总结了我国近年来高速公路改扩建的经验，遵循"统筹规划，兼顾长远，注重实效，指标合理，节约资源，绿色环保，科学组织，安全实施"的原则，对改扩建中涉及的既有交通工程及沿线设施的再利用方法以及相关指标要求做出了必要的规定，对改扩建实施过程中的临时交通工程及沿线设施的设计进行了规范，使我国高速公路改扩建工程的交通工程及沿线设施设计更加科学合理。

本细则共分9章，分别是：1总则、2术语、3既有公路调查与评价、4总体设计、5交通安全设施、6服务设施、7管理设施、8隧道交通工程与附属设施、9临时交通工程及沿线设施。本细则由中交第二公路勘察设计研究院有限公司负责起草第1章、第4章、第8章、第9章；河南省交通规划勘察设计院有限责任公司负责起草第6章、第7章收费、供配电、房屋建筑部分；北京交科公路勘察设计研究院负责起草第5章；中咨泰克交通工程集团有限公司负责起草第7章监控、通信部分；第2章、第3章由各单位共同起草。

请各有关单位在执行过程中，将发现的问题和意见，函告本细则日常管理组，联系人：胡彦杰（地址：武汉市汉阳区鹦鹉大道498号，邮政编码：430052；电话：027-84533301；传真：027-84533276；电子邮箱：ccshijtgc@126.com），以便修订时参考。

主　编　单　位：中交第二公路勘察设计研究院有限公司
参　编　单　位：河南省交通规划勘察设计院有限责任公司
　　　　　　　　北京交科公路勘察设计研究院
　　　　　　　　中咨泰克交通工程集团有限公司
　　　　　　　　中交第一公路勘察设计研究院有限公司
　　　　　　　　交通运输部公路科学研究院
主　　　　　编：廖朝华　胡彦杰
主要参编人员：王武岗　李太芳　杨　峰　曹豫涛
　　　　　　　杨晓东　唐琤琤　闫　泉　黄小明

目　次

1 总则 ··· 1
2 术语 ··· 2
3 既有公路调查与评价 ··· 3
　3.1 一般规定 ··· 3
　3.2 调查 ··· 3
　3.3 评价 ··· 5
4 总体设计 ··· 7
5 交通安全设施 ··· 10
　5.1 一般规定 ··· 10
　5.2 交通标志和标线 ·· 11
　5.3 护栏 ··· 13
　5.4 其他设施 ··· 15
6 服务设施 ··· 16
7 管理设施 ··· 18
　7.1 一般规定 ··· 18
　7.2 监控设施 ··· 18
　7.3 收费设施 ··· 21
　7.4 通信设施 ··· 23
　7.5 供配电照明 ·· 24
　7.6 房屋建筑 ··· 26
8 隧道交通工程与附属设施 ·· 28
9 临时交通工程及沿线设施 ·· 30
　9.1 一般规定 ··· 30
　9.2 临时交通安全设施 ·· 31
　9.3 临时服务设施 ··· 32
　9.4 临时管理设施 ··· 32
本细则用词用语说明 ··· 34

1 总则

1.0.1 为规范和指导高速公路改扩建交通工程及沿线设施设计，合理利用既有设施，完善临时交通工程及沿线设施设计的相关规定，制定本细则。

1.0.2 本细则适用于高速公路改扩建交通工程及沿线设施的设计。

1.0.3 高速公路改扩建交通工程及沿线设施设计应满足"安全合理、经济适用、资源节约、因地制宜"的要求。

1.0.4 高速公路改扩建交通工程及沿线设施设计应在对既有公路开展调查与评价的基础上，结合主体工程改扩建方案进行，其总体设计应与主体工程的总体设计同步进行。

1.0.5 高速公路改扩建工程应充分利用既有公路的交通工程及沿线设施。

1.0.6 高速公路改扩建工程施工期间维持通行时，应根据交通组织方案开展临时交通工程及沿线设施设计。

1.0.7 高速公路改扩建交通工程及沿线设施设计应在满足安全和使用功能的条件下，积极稳妥地采用新技术、新材料、新工艺、新产品，落实节能减排的相关规定。

1.0.8 高速公路改扩建交通工程及沿线设施的设计除应符合本细则的规定外，尚应符合国家和行业现行有关标准的规定。

2 术语

2.0.1 临时交通工程及沿线设施 temporary traffic engineering devices

为维持高速公路改扩建期间的路网分流、路段通行保障以及正常施工作业而临时性设置的安全设施、管理设施、服务设施、隧道交通工程与附属设施的总称。

2.0.2 改扩建施工交通组织 the traffic organization for reconstruction and extension work

保障改扩建工程施工期间既有公路及周边路网能维持一定的通行条件和服务水平的交通组织工作。

3 既有公路调查与评价

3.1 一般规定

3.1.1 高速公路改扩建设计应对既有公路交通工程及沿线设施进行全面调查与评价，调查与评价的结果应满足设计的需要。

3.1.2 调查可采取资料收集、现场勘察、检测、问卷、座谈等形式。

3.1.3 应调查既有公路交通工程及沿线设施的现状，结合运营过程中存在的问题、运营管理部门及公路使用者的需求，对其可利用性做出评价。评价宜定性与定量相结合，可采用符合性评判、专家评议等方法。

3.2 调查

3.2.1 应收集项目改扩建工程的可行性研究报告、项目改扩建工程的主体工程设计资料、既有公路的安全性评价报告等。

3.2.2 应收集既有公路交通工程及沿线设施竣工文件、系统升级改造竣工文件、专项改造竣工文件、设备维护更新记录或其他相关资料，并应对相关内容进行现场核实。

3.2.3 应收集至少前3年的下列相关运营数据：
1 交通量，包括互通式立体交叉之间的主线断面交通量、各收费站出入口交通量等。
2 交通组成，包括主线断面及收费站出入口的交通组成。
3 气象资料，包括对公路交通造成影响的气象数据。
4 交通事故资料，包括事故位置、事故原因、事故人员伤亡和财产损失、事故处理、后期运营改善情况等相关记录。
5 隧道环境数据，包括隧道洞外亮度、洞内照度、洞内能见度和一氧化碳实际浓度等信息。

3.2.4 应调研相关单位对既有交通工程及沿线设施使用效果的评价、对各设施设置情况的反馈意见和其他需求，以及对改扩建的建议。应了解下列内容：

1 运营管理机构现状及运营管理需求。
2 既有交通工程及沿线设施的建成年份，系统升级改造、专项改造的年份及主要改造内容，设备更新维护等情况。
3 发生过重大交通事故的路段、事故率偏高和经常出现交通拥堵路段的基本情况，以及后期采取的改善措施。
4 既有设备及设施的规格型号，其功能、规模和位置适用性情况。
5 安全设施：既有护栏、标志、防眩设施、隔离设施等的适用性情况。
6 监控设施：既有监控系统软件使用情况、数据和图像传输及存储方式、外场设备供电方式等情况。
7 收费设施：各收费站收费车道数量适用状况及存在的问题等。
8 通信设施：光纤数字传输设备的规格、接口使用情况、与相邻高速公路及上级联网中心的通信联网情况，语音交换设备的使用容量，紧急报警设施及广播系统的方式，视频会议系统的设置，光缆预留数量，通信管道的使用及租赁等情况。
9 供配电照明设施：变电所适用情况、柴油发电机等备用电源所带负荷及使用频率、电力监控系统配置、隧道运营电费及节能措施、照明光源配置及运营等情况。
10 隧道风机设置及运营、当地消防救援机构的设置、消防设备的配置及使用，以及隧道火灾等情况。
11 服务设施：停车、加油、如厕、餐饮、汽车维修、购物、住宿等设施的使用情况。
12 房屋建筑：既有建（构）筑物的建设规模，水、暖、电、环保等配套设备的使用情况。

3.2.5 应结合收集的资料及座谈的情况进行现场调查，了解系统运营及既有设备的情况，包括功能状态、锈蚀、老化和损坏情况。现场调查可采用拍照、录像、询问交流相结合的方式进行，应主要了解下列内容：

1 护栏设置类型及规格，护栏板规格，中央分隔带侧向净空，标志、标线的位置及内容，隔离栅、防眩设施、防落网的形式和规格等。
2 监控中心、分中心的整体布局，计算机系统的软件功能，闭路电视系统的传输、存储方式及容量，显示屏的规格、显示方式，不间断电源的规格和配置容量以及已用容量情况，信息发布设备的位置和显示效果，外场设备的设置等。
3 收费站监控室的整体布局，计算机设备、内部对讲和安全报警系统等容量、使用效果、收费软件功能，闭路电视系统的传输、存储方式及容量，显示屏的规格、显示方式；收费广场的整体布局，包括出入口车道数量、复式收费车道、计重收费车道、ETC收费车道、无人值守收费车道等；各收费车道的设备配置等，计重收费设备的使用情况及复检的比例。
4 光纤数字传输设备的规格型号、等级、端口配备、扩容能力、与相邻高速公路的通信网连接情况，语音交换设备的规格型号、已用容量、扩容能力、端口配备情况，紧急报警系统的设备配备情况。

5 供配电照明设施的变压器、柴油发电机、高低压柜的型号及规格，照明设备的使用情况，隧道照明效果，隧道风机、消防设施的完好情况及扩容条件。

6 服务区、停车区的整体布局及各类服务设施的运营状况。

7 各站区房屋建筑的整体布局，建（构）筑物、水、暖、电、环保设备、管网的运营状况及改扩建条件。

3.2.6 对下列路段，除应按本细则第3.2.5条的规定进行调查外，尚应结合地形条件、构造物、路基高度、公路绿化等情况，调查安全、监控、照明等设施对特殊通行条件的适应性及存在的问题：

1 设有避险车道、爬坡车道、紧急停车带、降温池等的路段。
2 平曲线、竖曲线半径小于一般值的路段、视距不佳路段。
3 特大桥及大桥路段。
4 特长隧道及长隧道等大型构造物出入口路段。
5 限速值低于其他路段的局部路段。
6 事故率偏高及经常性拥堵路段。
7 气象灾害常发路段。

3.2.7 应收集相连接高速公路交通工程及沿线设施的配置情况。

3.3 评价

3.3.1 应根据调查成果，对既有公路交通工程及沿线设施的使用效果、改造和再利用的可行性做出分析评价。

3.3.2 评价应从符合现行标准的相关要求、保障通行能力和服务水平、满足改扩建后运营需求，以及资源再利用等角度进行。

3.3.3 应根据改扩建后运营管理的需求，明确对管理机构和管理模式进行调整的必要性。

3.3.4 应根据调查结果，对下列安全设施状况给出初步评价与建议：

1 护栏的设置与现行标准规定的符合性。
2 护栏材料利用的必要性。
3 标志板面及结构支撑材料利用的必要性。
4 隔离栅、防眩设施、防落网等利用的必要性。

3.3.5 应根据现行标准结合运营管理的需求,对既有公路监控、收费、通信、供配电照明、通风消防等设施的技术水平、可靠性、再利用的可行性及扩容能力等进行评价。

3.3.6 应对停车、加油、如厕、餐饮、汽车维修、购物、住宿等设施的扩容能力及再利用的可行性进行评价。

3.3.7 应对建(构)筑物及场区绿化、环保、消防等配套设施的扩容能力及再利用的可行性进行评价。

4 总体设计

4.0.1 高速公路改扩建交通工程及沿线设施的总体设计应根据对既有公路调查与评价的结论，并结合主体工程改扩建方案进行。

4.0.2 总体设计应与主体工程的总体设计同步进行，应包括交通工程及沿线设施改扩建的主要方案及方案比选、结合项目特点针对交通安全和节能环保等目标拟采取的具体应对措施、既有设施再利用方案、临时交通工程及沿线设施的设计内容及主要方案、交通工程及沿线设施的造价测算等。

条文说明

与新建项目不同，改扩建项目的交通工程及沿线设施设计具有即时性、阶段性、设计周期更长等特点，和主体工程施工存在相互交叉的特征更加明显。在项目实施前，需要对既有交通工程及沿线设施进行迁改和保护，并实施临时交通工程及沿线设施；在主体工程施工期间，交通工程及沿线设施还要配套为施工和通行保障提供服务；在建设后期，部分临时设施还需拆除改移或改造，并实施交通工程及沿线设施。有时上一阶段的施工方案确定后才可确定下阶段交通工程的具体实施方案。考虑到改扩建项目的交通工程及沿线设施设计更为复杂，故做出该条规定。

4.0.3 制订交通工程及沿线设施的总体设计方案时，应综合考虑主体工程的设计方案、既有公路的安全性评价结果和改扩建交通组织方案等因素。交通工程及沿线设施的设计指标不宜低于相同技术标准的新建高速公路。

4.0.4 服务设施、房屋建筑、收费广场、通信管道等应与主体工程设计协调考虑，相互配合。

4.0.5 总体设计应对既有公路交通工程及沿线设施的建设年份、升级改造工程、专项改造工程、设置等级、设置规模、存在的主要问题等基本情况加以说明。

4.0.6 总体设计应包含下列内容：
1 管理养护机构和管理模式的设置和调整方案。

2 安全设施的设计原则及设计方案。
3 监控设施的设计原则、监控等级、设计规模、系统构成等。
4 通信设施的设计原则、通信网构成、各子系统方案，通信管道改造原则及改造方案等。
5 收费系统的设计原则、收费制式和收费方式调整、收费站点布设及收费车道数量调整、收费系统构成及功能等。
6 供配电系统的设计原则、标准、技术要求及供电方案等；照明系统的设计原则、标准及技术要求，照明区段的布设位置和功能等；隧道通风的设计原则、通风方式及技术要求等；隧道消防的设计原则、设计方案及技术要求等。
7 服务设施的总体布局方案，包括服务区、停车区新建和原址扩建的比选等。
8 房屋建筑的改造、扩建方案。
9 交通工程及沿线设施推荐方案的主要工程规模、工程造价。

4.0.7 总体设计时，应根据既有公路的安全性评价结论，结合主体工程改扩建设计方案，对下列路段提出针对性的设计方案：
1 对长大纵坡路段、平曲线或竖曲线半径小于一般值的路段等，提出安全设施、行车速度、监控设施等综合整治对策。
2 对分合流路段、特大桥及大桥路段，应根据对通车以来交通拥挤、事故的分析，提出增设警告标志、标线渠化、局部照明等综合整治对策。
3 对地质、气象灾害多发等路段，提出紧急救援、灾害预警、通行保障等综合整治对策。

4.0.8 对下列路段应结合主体工程改扩建方案的安全性评价、运行车速分析结论等，提出交通工程及沿线设施相应的补充完善方案：
1 因新增互通式立体交叉导致相邻互通式立体交叉的间距不足4km的路段，宜增设图形化指路标志、可变信息标志等安全和监控设施。
2 同向分离路段、不同加宽方式的过渡段，应提出安全、监控设施等强化方案，必要时进行专题研究。

条文说明

改扩建交通工程设施设计要在充分掌握既有公路事故易发路段资料、事故统计资料、改扩建项目安全性评价报告的基础上，结合主体工程改扩建方案分析对交通安全产生影响的因素，对改扩建项目进行交通安全综合评判，在此基础上做出针对性的补充完善设计。

主体工程改扩建时首先对事故多发路段进行必要的改善设计，部分路段主体工程改造代价较大时，则考虑通过交通工程设施的完善加以弥补。

本条中，"不同加宽方式的过渡段"主要包含：路基段双侧加宽与单侧加宽路段的衔接、不同方向单侧加宽路段的衔接、直接加宽和分离加宽路段的衔接三种方式。

4.0.9 应根据调查与评价结果，通过技术经济比较，确定下列设施的再利用方案：
1 安全设施，包括护栏、标志牌、隔离栅等。
2 管理设施，包括监控、收费、通信、供配电照明设施等。
3 隧道交通工程与附属设施，包括通风、消防、供配电照明、监控等。
4 房屋建筑，包括服务及管理设施中的建（构）筑物等设备、管网等。

条文说明

再利用一般包括直接利用、改造利用、作为临时设施和作为材料加以利用等方式。

4.0.10 改扩建施工过程中需要维持通车时，应根据交通组织方案，确定下列临时设施的设计方案：
1 配合交通分流、路段通行保障、施工保障的临时交通安全设施方案。
2 满足改扩建期间基本通信需求的临时通信方案。
3 满足收费广场改扩建期间临时收费需求的临时收费方案。
4 提供如厕、加油等基本需求的临时服务设施设置方案。

5 交通安全设施

5.1 一般规定

5.1.1 高速公路改扩建工程应设置完善的交通标志、交通标线、护栏、隔离栅、防落网、防眩设施、轮廓标及防撞垫等安全设施。

条文说明

　　高速公路改扩建的实践证明，同向分离起点等路段设置防撞垫，有利于减少交通事故、降低碰撞严重程度。

5.1.2 应根据主体工程改扩建设计方案及既有公路现状、交通量和交通组成、运行速度、交通事故情况、气象环境状况等进行综合分析，并应结合调查与评价进行技术经济比较，确定安全设施设计重点和设计方案。

条文说明

　　与新建项目不同，一方面，改扩建高速公路通常已经运行了较长时间，积累了一定的运营资料，这些资料有助于有针对性地改善安全通行条件的，则予充分利用；另一方面，高速公路改扩建后，经常会出现同向分离、集散运行等不同于改扩建前的道路条件和交通组织方式，同时改扩建后车道数增加也造成了车辆运行环境的变化。所有这些变化会带来一些新的影响行车安全的因素，需对其进行综合分析，相应确定新的设计重点和交通安全处理方案。

5.1.3 改扩建高速公路交通安全设施设计应突出系统性，充分考虑驾驶人的出行需求，实现交通安全设施之间、交通安全设施与公路主体工程和其他设施之间的相互协调。

条文说明

　　交通安全是一项系统工程，受多方面因素的影响。交通安全设施作为维护高速公路安全、畅通的重要设施，其设计应从系统论的观点出发，综合考虑安全效果。鉴于改扩建工程技术的复杂性与交通安全的特殊性，做出本条规定。

本条中"交通安全设施之间、交通安全设施与公路主体工程和其他设施之间的相互协调"包括标志标线及所体现出的交通组织与管理方式与改扩建高速公路实际运行特点及需求的协同一致；特殊路段用于主动引导、警告的各类标志、标线之间的配合，标志、标线与监控外场设备之间的配合，以及与用于被动防护的护栏、防撞垫的配合等在内的相关内容。

5.1.4 应结合既有公路的安全性评价结果，对发生过重大交通事故或交通事故发生率相对较高的路段进行专项分析论证，提出安全设施的设置方案。

5.1.5 既有交通安全设施再利用时应遵循下列原则：
1 符合现行标准规定，且能满足改扩建后使用需求的，应继续使用。
2 符合现行标准规定，但不能满足改扩建后使用需求的，应进行改造，并经经济技术比较后确定利用方案。
3 难以整体利用的，可将其材料加以利用。

条文说明

2 如单侧加宽的高速公路改扩建工程，既有公路的交通流向发生改变时，护栏板的搭接顺序已经不满足通行需求；原上坡方向也会变为下坡方向，既有公路护栏防护等级则可能不满足需求。这类情形均视为不能满足改扩建后的使用需求。

5.2 交通标志和标线

5.2.1 应根据调查与评价结果，结合改扩建后的车辆通行环境、路网条件和交通需求，进行交通标志、标线的改造和新增设计。

条文说明

与新建项目不同，改扩建项目需要深入调查、总结既有公路交通标志、标线使用过程中的经验，结合既有公路使用者的习惯，进一步对交通标志、标线设置进行梳理和优化。

改扩建后的运行环境具有不同于新建项目的特点，如：同向分离路段、单侧拼宽路段等，其标志、标线设计会有新的需求，因此做出该条规定。

5.2.2 交通标志、标线应着重加强下列方面设计：
1 应结合高速公路通车以来标志标线的使用效果，并结合改扩建后周边路网的变化情况，对既有公路的指路标志体系进行必要的调整和完善。
2 对本细则第 4.0.6、4.0.7 条所涉及的路段，应强化标志、标线综合设计，并可设置诱导设施、缓冲设施等。

5.2.3 对互通式立体交叉间距小于5km的路段，应设置组合出口预告标志。

条文说明

互通式立体交叉间距较近的路段，交通流运行复杂，信息量大，易分散驾驶人注意力，增加其疲劳度。同时由于车道数较多，内侧车道的车辆驶出高速公路要经过多次变换车道，与其他车道车辆交织点较多、交织距离较长。如果交通标志、标线设置不当，将给驾驶人对指路信息的认读和判断带来困难。标志、标线内容及设置的距离，对驾驶人能否完成识别、认知、判断、行动一系列动作有较大影响。根据国家科技支撑计划相关成果，提出互通式立体交叉间距小于5km的路段应作为重点路段，因此做出该条规定。

5.2.4 改扩建后单向车道数大于或等于4条的高速公路，除应按现行《公路交通标志和标线设置规范》（JTG D82）的规定设置必要的指路标志以外，尚应采取下列措施：
1 根据需要，可设置车道功能划分的标志或标线。
2 标志支撑形式宜采用门架形式，或在行车方向的左侧增设出口预告、服务区预告等标志。左侧设置标志时，标志信息应与对应的右侧标志一致，在保证视认效果的条件下，可结合净空条件对版面尺寸进行调整。

条文说明

在靠左侧车道行驶的车辆，驶离高速公路前变换到最外侧车道需要更多的时间，因此需要保证驾驶人读取交通标志信息时视线不被遮挡，并加强对左侧车道行驶车辆的信息预告，提示驾驶人尽早进行换道操作，保证充足的反应时间和行动距离。

门架式标志由于工程造价相对较高且影响景观等因素，其设置受到一定的限制。但门架式标志对于解决路侧标志遮挡问题非常有效，当其他措施均不适用时，需考虑设置门架式标志。

根据已有调查，高速公路的车辆运行速度依车道从左至右依次呈阶梯性降低。八车道高速公路左侧第一车道运行速度普遍超过120km/h；相邻车道之间的速度差较大，特别是第二和第三车道之间；研究还发现第三、四车道小型车的车速离散性最大，而且外侧两条车道上大、小型车之间运行速度的差值大多在30km/h以上，这是导致多车道高速公路外侧车道事故较为多发的原因之一。因此，改扩建后单向车道数大于或等于4条的高速公路，可设置车道功能划分标志或标线，规范不同车辆行驶范围，减少车辆间的交通冲突。

5.2.5 交通标志的再利用可通过更换反光膜、更换面板、标志移位、版面内容增删等方法实现，并应符合下列规定：

1 当交通标志的面板、支撑结构和基础均可以直接利用，仅版面内容需调整，或仅逆反射系数达不到规范要求需要调整时，可通过更换反光膜的方法改造。

2 当只需通过移位就可加以利用时，可将既有的标志移位改造。移位可采用纵向设置位置挪移、横向位置挪移、原位置板面高度调整等形式。

3 标志板面再利用时宜整板利用。

5.2.6 交通标志板拼接再利用时，新板和既有板的厚度应一致，且拼缝不得与标志中的图形、文字和重要符号相重合。拼接后的标志板面整体强度不得低于整板。

5.2.7 改扩建时未重新铺筑路面或罩面的路段，当交通流特性发生变化时，应对既有标线重新施划。当交通流特性未发生变化时，既有标线使用状况良好的，可继续使用。

条文说明

该条规定适用于改扩建的一些特殊情形。如采用单侧加宽，原高速公路改为单向行驶且保留原有的中央分隔带作为同向车道分隔带时，应根据横断面各组成部分的调整情况，将标线重新施划。

5.3 护栏

5.3.1 高速公路改扩建工程可对既有公路护栏进行改造或新设护栏。其设计应满足下列规定：

1 护栏的防护等级不应低于现行《公路护栏安全性能评价标准》（JTG B05-01）的要求。

2 应根据既有公路护栏使用状况的调查与评价结果，结合主体工程改扩建方案，统筹确定全线护栏布设方案及各路段防护等级。

3 因主体工程改扩建而产生的同向分离起点、不同加宽方式过渡段等路段，应增设防撞垫等缓冲设施。

条文说明

2 该条规定统筹确定全线护栏布设方案和各路段的防护等级，主要指结合通车以来既有公路发生的事故情况分析以及安全性评价报告等资料，认真分析事故原因。高速公路发生交通事故的原因绝大多数与驾驶人的过失有关，但合理的护栏设置可以有效地降低事故的严重程度。改扩建设计应在对既有护栏使用效果进行评价的基础上通过合理的优化和调整，确保护栏的使用效果。比如：

对主体工程改扩建设计已按既有公路的安全性评价报告的要求做出优化调整的路段，设计需结合调整后的具体情况确定相应的护栏布设方案及防护等级。

有些路段，既有公路的安全性评价报告中提出了对主体工程进行优化调整的建议，但主体工程设计由于客观条件的限制未进行改造或仅做了部分改造的路段，通常都会做出提高护栏防护等级、增加警示标志标线或对局部路段限速等建议。对于这些路段，需分析该路段的安全性是否与护栏防护等级有关。但由于交通事故多为偶发性质，事实上很难对此加以判定。在此情况下，结合以往事故发生分布的统计资料具有一定的参考性。有些省份规定，通行过程中发生过车辆冲出护栏导致严重事故的路段，均按照提高等级的标准进行护栏改造。

5.3.2 单侧拼宽路段或分离式加宽路段的护栏设置应符合下列规定：

1 单侧拼宽路段既有公路行车方向发生改变时，应对护栏搭接、护栏端头设置、轮廓标等进行改造，并结合新的行车方向，对长下坡等路段护栏防护等级进行调整。

2 原中央分隔带改造为同向车道分隔带后，原有的分隔带开口应保留，并应安装活动护栏。此外，同向车道分隔带应在互通式立体交叉及服务区、停车区前后各增设一处开口，开口长度不宜小于2km。该开口处有护栏时，尚应在该护栏端头处设防撞垫。

3 同向车道分隔带高度不大于12cm时，可将该分隔带上原有的护栏拆除。

4 当侧分隔带内有需要保护的特殊结构物时，可保留护栏。此时该护栏的安全性能应满足现行《公路护栏安全性能评价标准》（JTG B05-01）的要求。

条文说明

对于单侧加宽的高速公路，当既有公路的中央分隔带改为同向车道分隔带时，就存在护栏的拆除与保留问题。如将其拆除，对交通安全和行车舒适更为有利；但是如遇该分隔带范围内有上跨桥墩、标志立柱、通信管道等设施需要保护等情况时，拆除护栏将会带来复杂的相应工程改建，在此情况下需要进行技术经济分析。如可以通过采取其他手段保证行车安全且经济性较佳，就不必要硬性拆除，因此做出该条规定。

根据国内单侧加宽高速公路使用情况来看，在互通式立体交叉前后设置的同向车道分隔带开口长度不宜过短，太短则影响车辆驶入或驶出。开口长度的取值与交通量、交通组成以及设计速度等相关。河南郑洛高速公路开口长度为2.5~3km，使用效果较理想。洛三灵高速公路改扩建时考虑地形限制等因素，开口长度取2km，实践证明基本上能够满足车辆交通转换的需要。因此本细则规定该长度不宜小于2km。

原中央分隔带改为同向车道分隔带时，该分隔带开口在应急抢险及紧急情况下需要启用，因此做出该款规定。考虑到因其长度通常较短，正常行驶的车辆通过该开口转换车道时的安全及舒适性难以满足要求，因此规定加装活动护栏，防止车辆随意经过该开口变换车道。

5.3.3 应通过改造、加固或拆除重建等方法，使改扩建后桥梁护栏的防护等级满足现行《公路护栏安全性能评价标准》（JTG B05-01）的要求。

5.3.4 混凝土护栏可通过加高或在其顶部加装有效防撞构件等方法，使其安全性能达到现行《公路护栏安全性能评价标准》（JTG B05-01）的要求。桥梁混凝土护栏改造时，应对桥梁结构局部受力进行验算；当混凝土护栏强度不能满足金属构件安装时，应将混凝土护栏拆除重建。

5.3.5 满足设计要求的原护栏立柱应予以利用，无法直接利用的护栏立柱，可通过内套管或外套管加长立柱、加密立柱等方式加以利用，且应保证其整体性能达到现行《公路护栏安全性能评价标准》（JTG B05-01）对防护等级的要求。重复利用的立柱，在拆除后应进行防腐处理。

5.3.6 满足设计要求的原护栏板和防阻块等材料应予以利用，无法直接利用的原护栏板，可将原有护栏板组合或加强后使用。采用护栏板组合或加强后，护栏整体安全性能应符合现行《公路护栏安全性能评价标准》（JTG B05-01）的要求。重复利用的护栏板，在拆除后宜进行翻新处理。

5.3.7 护栏的改造设计，其外观、材料尺寸及安装方式与现行《公路交通安全设施设计细则》（JTG/T D81）不符的，应进行碰撞试验，达到现行《公路护栏安全性能评价标准》（JTG B05-01）对防护等级的要求时方可采用。

5.4 其他设施

5.4.1 拆除的隔离栅、防落网等设施的网材、支撑钢材等，经局部修补或翻新等方式进行处理、检验合格后，宜重复利用或作为施工期间临时设施使用。

5.4.2 防落网、防眩设施、轮廓标及防撞垫等其他安全设施设计应符合现行《公路交通安全设施设计规范》（JTG D81）的规定。

6 服务设施

6.0.1 服务设施改扩建设计宜与主体工程改扩建设计同步进行。

6.0.2 服务设施改扩建方案应根据既有公路调查与评价结果，结合主体工程改扩建方案、运营需求和周边高速公路服务设施布局统筹规划确定，服务设施占地规模与设施间距应满足现行《高速公路交通工程及沿线设施设计通用规范》（JTG D80）的要求，并应符合下列规定：

1 停车、如厕、加油、车辆维修、餐饮与购物等服务设施建设规模的技术指标或功能不满足使用需求时，应进行改扩建；满足使用安全、节能环保及功能需求的可直接利用。

2 改扩建后互通式立体交叉与服务区间距小于1km时，宜合并设置。服务区与互通式立体交叉共用出入口匝道时，匝道车道数不应小于2条。

6.0.3 服务设施改扩建设计应根据预测交通量和车型组成、车辆停留率、周转率、假日服务系数等参数重新核算规模，并结合既有公路服务设施的现状，在充分利用的前提下综合考虑改扩建方案。

6.0.4 服务区或停车区可通过下列方法进行新增或原址改扩建：

1 原服务区就地扩建，可保留原有服务区内的综合服务楼等配套设施，宜采用客货车分区停放，分别服务。

2 利用拆除或移位的互通式立体交叉、管理站或养护工区场地进行改造。

3 当原服务区就地扩建受限，或既有公路相邻的服务设施间距较远时，可另辟位置新建服务设施。

6.0.5 原址改扩建服务区应符合下列规定：

1 扩征用地应避免影响主线两侧的涵洞、通道及桥梁等构造物，避开低洼及山洪、断层、滑坡、流沙等地质灾害易发地段。

2 新增设施宜与原有设施统筹考虑统一规划，提高场地综合使用效率。原服务区的供水、供电设施应充分利用。

3 服务区改扩建扩征用地困难时，可采用建筑物上跨形式。

6.0.6 服务区改扩建时，宜对地面及综合楼等进行修缮，并与新建部分连为一个整体。服务区综合楼扩建时，应对整体结构等进行验算。如原综合楼不改造同时新增一座综合楼，原综合楼应与新综合楼进行功能区分，并统一考虑供水、供电及污水处理等设施的配置。货运交通量较大的高速公路，宜根据需要增设降温池等设施。

6.0.7 当主体工程采用分离式加宽时，宜在加宽一侧增设单侧服务设施，并宜按行车方向对原有服务设施进行改造。

7 管理设施

7.1 一般规定

7.1.1 高速公路管理设施的改扩建设计应与主体工程设计同步进行。

7.1.2 高速公路改扩建时，应根据管理体制要求，结合交通量增长需求对管理设施在其原基础上进行改造或扩建。

7.1.3 应根据调查与评价结果，分析既有管理设施的适应性。对无法保障通行能力和服务水平、不能满足改扩建后运营需求、不满足现行标准规范相关要求的监控设施、通信设施、收费设施、供配电照明设施等应进行改造升级。

7.1.4 机电设备再利用应满足系统升级和技术进步的需要，并应符合下列规定：
  1 状况完好、功能满足运营管理要求的机电设备，应继续使用。
  2 状况完好、功能不满足运营管理要求的机电设备，宜通过升级、改造后使用，或作为临时交通工程及沿线设施、备品备件使用。
  3 状况完好、改造后无法与新系统兼容的机电设备，可作为临时交通工程及沿线设施、备品备件使用。
  4 功耗大、故障率高、运营费用高、面临淘汰的机电设备，可作为临时交通工程及沿线设施、备品备件使用，不宜用作正式运营设备。

7.2 监控设施

7.2.1 应根据调查与评价结果，结合交通量和交通组成、主体工程改扩建设计方案等因素，综合确定监控设施改扩建方案。

条文说明

  本条规定了监控设施改扩建设计所应遵循的主要原则。监控设施设计的首要任务就是针对高速公路的技术标准配套设计相应的设施，保障高速公路的正常使用和通行能力；其次，在确定的交通量和设计速度条件下通过设置相应的设施来提升公路的服务水平。保障通行能力和提升服务水平都将通过运营管理来实现，其管理水平的高低直接影响高速公路的使用效果。监控设施设计的宗旨是提高运营管理水平。

改扩建项目更为复杂，还存在既有设施的利用、既有公路重点路段的安全整治等情况，同时，主体工程的改扩建也会产生一些新的在运营安全方面需要加强监控的路段。监控设施设计结合上述特点进行改造、升级和扩容。

7.2.2 应根据总体设计方案，对监控分中心、监控管理所、外场设备以及配套的监控外场设备信号传输、供配电等各个子系统中不能满足改扩建后需求的设备和系统一并进行改造。

7.2.3 监控设施的等级除应不低于相同交通量及车道数的新建高速公路外，尚应符合下列规定：

1 对于改扩建以前主体工程技术指标采用低限的路段，宜设置交通事件检测、视频监视设施。

2 同向分离路段、不同扩建方式的过渡段、单侧加宽高速公路侧分隔带的开口段，宜按无盲区、全覆盖的原则设置交通事件检测、视频监视设施，并视需要设置信息发布设施、警示设施。

3 长度超过5km的同向分离路段，宜在分离前适当位置设置车道指示标志，并在分离后的路段设置可以检测交通量、车速等信息的检测设施，并根据各路幅的交通状况实时调整车道指示标志指令，动态调整各路幅上的交通流分配。

4 已经发生过或可能发生气象、地质灾害的路段，宜设置相应的检测或预警设施。

条文说明

按照交通量进行服务水平分析时，同等条件下的新建高速公路和改扩建高速公路是有所区别的，改扩建高速公路由于受到诸多客观条件的限制，其通行条件一般要比新建高速公路略差。从确保通行的安全和行车顺适性等方面考虑，规定其监控设施的等级不低于同等规模的新建高速公路是必要的。

对于需要在改扩建中进行着重加强设计的局部路段，除加强安全设施以外，还需要加强监控设施的设置，以满足此路段的安全需要。一般通过设置事件检测设备实现对突发事件或交通异常的快速检测，设置视频监视设备实时监视或确认交通事件、交通异常，以提高对事件的响应速度。

作为改扩建项目特有的同向分离的路段、不同扩建方式的过渡段、单侧加宽的高速公路的侧分隔带的开口段等往往交通流较容易紊乱，驾驶人易产生判断失误，对这些路段加强监控是必要的。一般设置交通事件检测及视频监视设施。由于不同扩建方式的过渡段、侧分隔带的开口段较长，因此规定按无盲区、全覆盖的原则设置交通事件检测、视频监视设施。

长度超过5km的同向分离路段，考虑车辆在该路段不可能在不同的路幅内自由转换，因此规定在分离前设车道指示标志，结合路段交通检测结果，动态指引车辆选择车道，避免交通量不均衡，或一旦某一幅出现堵塞和事故，可以及时提醒车辆提前选择车道。

7.2.4 新增监控外场设备时应符合下列规定：

1 在满足使用功能的前提下，外场设备宜利用现有的管线资源及电源条件，并结合通信管道的改造情况确定其具体位置。

2 改扩建新增的监控外场设备宜设置于分歧管线处。分歧管道余长不足时可通过接长该管道满足使用要求。

3 整体式拼接加宽的高速公路，其外场设备供电电缆宜敷设在拼接加宽后路基的路侧；分离式加宽的高速公路，外场设备供电可利用既有公路已有的供电电缆；如需新敷设电缆，新敷设的电缆可设在既有公路或新修路幅的路侧。

4 新敷设的电缆应有安全防护措施。

7.2.5 信息发布设备的再利用应符合下列规定：

1 门架式信息发布设备不宜通过拼接的方式在加宽后的路幅上继续使用，但可用在分离式加宽等路基宽度较适用的场合。

2 单柱式信息发布设备不宜在整体式加宽路段使用，可在同向分离路段或改造成移动式信息发布设备使用。

条文说明

1 门架式可变信息标志的使用受到车道数影响。通常四车道高速公路所采用的门架式可变信息标志，其版面尺寸不能适应八车道的使用需要。另一方面，对于发光二极管型的可变信息标志，不同批次的产品其发光二极管的发光性能有一定差异，若对其拼接加大版面再利用，整体效果较差，同时返厂拼接经济性也不佳，因此不提倡通过拼接加大版面使用。

2 整体式加宽路段路面较宽、交通量较大，而单柱式信息发布设备设置于路侧、安装高度低，易被外侧大型车辆遮挡，因此不宜在整体式加宽路段使用。同向分离路段一般是两车道，可以满足使用要求。

7.2.6 没有受到改扩建施工直接影响的监控设备应妥善保护，并宜在改扩建施工阶段加以充分利用。

条文说明

对于没有受到改扩建施工直接影响的监控设备，其在改扩建后是否仍需继续使用受到诸多因素影响，应评价其现有安装位置、设备功能、设备状态是否满足使用要求等，因此对其在改扩建后是否一定要保留不作规定。考虑到在改扩建施工过程中，原有的监控外场设备大多数需要拆除，在此情况下如能保留一部分设备并使其继续发挥作用，对改扩建施工期间的交通安全有较大益处，因此做出该条规定。

7.3 收费设施

7.3.1 应在对既有公路调查与评价的基础上，根据收费车道数量及广场位置的变化，分析既有公路收费分中心、收费站、收费车道系统以及配套的土建设施的适应性，对不满足使用需求的收费设施应进行改扩建。

7.3.2 既有公路为封闭式联网收费的，改扩建设计宜维持原有的管理体制、结算模式、车型分类标准，联网收费软件宜沿用原软件。既有公路为开放式收费的，改扩建时应结合路网收费体制的总体规划考虑是否对收费制式进行调整。

7.3.3 收费设施改扩建设计应保证改扩建后系统的服务时间、平均排队车辆数等指标满足《收费公路联网收费技术要求》（交通部 2007 年第 35 号公告）的相关规定；电子不停车收费系统设计应满足《收费公路联网电子不停车收费技术要求》（交通运输部 2011 年第 13 号公告）的相关规定。

7.3.4 高速公路改扩建后的收费设施应符合当地收费系统联网的要求。设计应结合改扩建后区域路网的变化，结合联网收费管理体制的要求以及运营管理的需要，综合考虑是否对收费系统管理体制架构进行调整。

7.3.5 因收费车道数不满足设计交通量需求而需要对收费设施进行扩建时，可通过升级现有系统、增加收费站及收费车道数、增加电子不停车收费车道的数量、采用纵向交错式收费广场、设置复式收费车道等方式对其进行改造或扩建。当原收费站无电子不停车收费车道时，改扩建时宜增设。

条文说明

根据《交通运输部关于开展全国高速公路电子不停车收费联网工作的通知》（交公路发〔2014〕64 号）的要求，到 2015 年底，基本实现全国高速公路电子不停车收费（即"ETC"）联网，建立全国 ETC 联网运营管理机制。客车 ETC 使用率不低于 25%，非现金支付使用率达到 20%，建成较为完善的 ETC 基础设施网络，主线收费站 ETC 覆盖率达到 100%，ETC 专用车道数原则上不少于两入两出；匝道收费站 ETC 覆盖率不低于 90%。高速公路改扩建项目往往具有交通量大等特点，提出在改扩建收费站时实施 ETC 收费对于提升高速公路通行效率和服务水平，促进节能减排是非常有必要的。

7.3.6 按照预测交通量计算，仅需要增加 1 条收费车道的收费广场，可不增加收费车道。

7.3.7 原址改造的收费广场增加车道数困难时，可重新规划广场布局。广场的重新布局应结合收费站在高速公路网中的定位和自身特点综合考虑，并应符合下列规定：
  1 具有潮汐式交通特点的收费站，可设置往复式收费车道。
  2 客车所占比重较大的收费站，可设置复式收费车道。
  3 货车所占比重较大的收费站，可采用客货分离、纵向交错式收费广场。

7.3.8 改扩建后出、入口的人工半自动收费（MTC）车道数均不应小于 2 条。

7.3.9 收费设施设备的再利用除应结合调查与评价结果确定以外，尚应符合下列规定：
  1 目前使用正常的雾灯、信号灯、费额显示器、手动及电动栏杆、车道控制计算机、IC 卡读写器、车道及广场摄像机等设备及收费亭内设备，宜继续使用。
  2 拆除后的计重设备等可用在其他公路或作为备品备件加以利用。
  3 满足系统需求的收费站及收费分中心设备，宜继续使用。

条文说明

计重设备长期使用后有不同程度的变形，拆除以后再利用难度较大，因此不推荐原位再利用，但可以改在其他地方公路上使用或作为备品备件使用。

7.3.10 收费土建工程改扩建设计应符合下列规定：
  1 收费岛的改造宜维持原岛宽、岛高、岛头岛尾外形、收费岛装饰等，新建收费岛宜与广场现有收费岛风格保持一致。收费岛岛体加长时宜采用直线延长方式。
  2 扩建后车道数大于或等于 8 条的收费广场，宜设收费员专用通道；大于或等于 10 条的，应设收费员专用通道。收费员专用通道可采用天桥、地下通道或天桥与地下通道相结合等方式。
  3 地下通道加长时应结合其结构特点，完善相应的排水、照明和电缆桥架等设施，与原有设施有机融合。加长部分宜采用现有通道断面尺寸。

条文说明

1 收费岛的改造包括现有收费岛的加长、出入口性质的转变、收费岛设施基础管线的调整等。
2 与新建项目不同，改扩建项目如新增地下通道，需在现有收费广场上进行开挖，工程难度较大，因此对需设收费员专用通道的车道数指标及专用通道的修建方式种类做出上述规定。

7.4 通信设施

7.4.1 应结合调查与评价结果，按下列原则对通信设施及其各子系统的适用性进行分析判定：

1 能正常运行且能满足改扩建后通信业务需求时，应保留并继续使用。

2 运行基本正常，且经过升级扩容即能满足改扩建后的通信业务需求时，可对其改造后继续使用。

3 不能正常运行或容量不能满足改扩建后业务需求和区域通信联网需要，且升级扩容困难时，应新建通信设施。

7.4.2 通信设施的改扩建应符合下列规定：

1 应结合既有公路通信设施的运行情况以及项目改扩建后通信业务类型、业务量以及功能需求，确定通信设施改扩建后的规模及其技术方案。

2 改扩建工程的通信设施设计应满足区域骨干网建设规划以及联网通信的相关技术要求，保证改扩建工程与区域通信设施的互联互通。

3 通信设施改扩建设计应符合当代通信技术发展方向，并充分考虑各种业务拓展的需求。

7.4.3 通信管道改扩建设计应符合下列规定：

1 考虑了改扩建后的通信需求后仍有冗余管道，且冗余管道的折算子管数不少于3孔的，可不新增通信管道。

2 考虑改扩建的需求后冗余管道折算子管数少于3孔的，应进行通信管道的扩建。

3 新建通信管道时，其新建管孔折算子管数不宜少于8孔。

4 双侧拼宽高速公路宜保留原中央分隔带管道；当需要扩建通信管道时，可将新建的通信管道敷设于原通信管道的上方，或在路侧重新敷设。采用在原通信管道上方敷设的方式时，除应满足新设管道和原管道之间留存不小于5cm的保护层以外，尚应满足新设通信管道顶部的覆盖层厚度大于或等于70cm。

5 当单侧拼宽高速公路将既有公路的中央分隔带改造成同向车道分隔带予以保留时，可保留既有公路通信管道；当既有公路中央分隔带拆除并改建为路面时，应对该分隔带下的管道和线缆进行迁移。新建中央分隔带时，宜在中央分隔带下新建通信管道。

6 主体工程采用分离式路基修建时，宜在新建半幅高速公路的内侧新建通信管道。

7 应根据改扩建后的需要，调整或新增人、手孔，对于改扩建后仍利用的原人、手孔应保留并修复。分歧管道宜接续保留使用。在既有公路上新增分歧管道时，宜采用顶管或拉管等非开挖方式敷设分歧管道；当既有公路路面病害严重需挖除时，可采用反开挖方式埋设分歧管道。

条文说明

3 在原有管孔数量的基础上再增加相当于8孔子管的管孔数，新建管道和原通信管道共同发挥作用，一定时期内在既有公路的通信管道变形、堵塞等情况下，仍能保证有足够数量的管孔资源，因此做出该款规定。

7.5 供配电照明

7.5.1 高速公路改扩建设计时，应根据调查和评价结果，结合运营管理需求，对供配电设施、照明设施、电力监控系统以及相应的土建设施等进行扩容和改造。

7.5.2 供配电设施改扩建设计时，应按照现行标准中关于负荷等级的划分原则，结合改扩建的系统需求，重新确定所有负荷的分级，增加或调整相应的出线回路。

7.5.3 应根据项目负荷需求，重新确定负荷容量，并根据新的负荷容量，按照下列原则调整变压器的配置：

1 变压器使用正常，考虑了改扩建以后的负荷需求后，总的负荷率仍小于90%且变压器能耗指标能满足现行《三相配电变压器能效限定值及能效等级》（GB 20052）规定的，可继续使用。

2 考虑了改扩建以后的负荷需求后，虽然总的负荷率小于90%但变压器能耗指标不满足现行《三相配电变压器能效限定值及能效等级》（GB 20052）规定时，宜更新。

3 考虑了改扩建以后的负荷需求后，当变压器负荷率大于或等于90%时，应予以更新。

4 结合项目通车以来的负荷情况并考虑新增的负荷需求后，总的负荷率仍小于40%的，宜将原变压器更换为较小的变压器。

条文说明

3 电力行业标准中，变压器负荷率指标一般为75%。对于改扩建项目，从尽量充分利用原有设备、节约工程造价等因素出发，对于负荷率介于75%~90%之间的变压器，提出结合现有变压器的能耗指标以及变压器目前使用状况等因素，进行综合考虑。

4 根据对已建收费站和服务区的年平均用电负荷和年最大用电负荷的调查结果，结合新的用电需求分析，若变压器容量仍远大于需求，反而考虑更换为容量更小的变压器，从而降低变压器自身能耗，并减少运营费用。

7.5.4 供电设备改造应符合下列规定：

1 应随着电源质量标准的更新以及用电环境的变化，依据现行的电源质量标准评价电源质量，改造相应的供电设备。

2 当原电源质量已不能满足新的需求，或电源的谐波随着变频空调、变频泵、发光二极管灯以及软启动器、开关电源等各类整流设备的出现而增加时，应对其进行改造。

3 功率因数低于0.9时，应改造电容补偿设备。

4 电压偏差较大时，可调整外线的接入点或采用有载调压变压器。

5 对于电源质量要求较高或电源的谐波随着变频空调、变频泵、发光二极管灯以及软启动器、开关电源等各类整流设备的出现而增加的电子设备，可增设谐波抑制设备。

7.5.5 供配电系统改扩建时可增设电力监控系统，系统的具体方案宜根据运营管理需要及可靠性需求，以及初期投资、后期对运行效果的改善和运营费用的减少等方面进行综合分析判定。

7.5.6 变电所设备的升级改造可采用下列方式：

1 对于型号老旧、可靠性降低、检修维护工作量大的油浸式变压器，可将其更换为干式变压器或箱式变电站，同时配备带通信接口的温度控制系统，提高性能。

2 对于户内墙上式刀熔开关或户外式隔离开关，可将其替换为高压负荷开关柜或断路器柜，并配以综合继电保护装置，兼顾无人值守的运行要求。

3 低压开关柜出线回路数不满足需求，且变电所空间受限时，可将其更换为紧凑型，或将固定式开关柜更换为抽屉式开关柜。应更换不满足要求的断路器，并宜加装电动操作机构及监控单元。

4 手动投切的纯电容补偿柜，可将其替换为自动投切串电抗的电容补偿柜。新的补偿柜应能根据需要自动投切电容器并能滤除部分谐波，并通过控制器的通信接口实现远程监控。

5 手动启动、人工投切的柴油发电机，可对其进行技术改造和智能化升级，增加自启动和自投切装置、传感器和远程通信装置，提高自动化水平。

7.5.7 应根据调查和评价结果，按照节能减排的要求，结合运营管理需求，对照度指标不达标和能效指标较差的区域进行照明设施的更新和改造；同时宜对光效较低的照明设备进行更新和节能改造。

7.5.8 夜间交通量大的下列路段宜设置道路照明：

1 同向分离路段起点的过渡段。

2 单侧加宽的高速公路，既有公路中央分隔带改为同向车道分隔带时，靠近互通式立体交叉出口的同向车道分隔带的开口段。

7.5.9 供电照明设备选择可采用改造利用或更换新设备等方案。方案选择应考虑技术先进性、改造费用、剩余使用寿命、新购置设备费用、运营成本等因素，并进行综合技术经济比较。

7.5.10 表面已锈蚀的灯杆，拟再利用时应翻新；配光曲线不合理的灯具、光效较低的光源、能耗高的镇流器等拆除后不宜再直接利用。

7.6 房屋建筑

7.6.1 服务及管理设施房屋建筑的建设规模应符合现行《高速公路交通工程及沿线设施设计通用规范》（JTG D80）的相关规定，应充分利用原有服务及管理设施，注重节约环保，提高综合使用效率。

7.6.2 房屋建筑改扩建方案的确定除应与总体设计方案相一致外，尚应符合下列规定：
 1 可以保证使用安全，或通过加固等技术措施处理后可以保证使用安全，且功能满足使用需求的建（构）筑物，应继续使用。
 2 可以保证使用安全，或通过加固等技术措施处理后可以保证使用安全，但功能不满足使用需求的建（构）筑物，宜改造后使用；不能改造的建（构）筑物，应拆除新建。
 3 采取加固等技术措施无法保证使用安全，或因改造投资大于新建等原因不宜改造的建（构）筑物，应拆除新建。
 4 经改造或新建的建筑物宜与原有建筑风格相协调。
 5 房屋建筑的水、暖、电等相关设备、管网等，满足功能需求及相关技术标准的，应予以保留；否则，应进行改造或更新。改造更新后的设备性能和技术标准应满足现行标准，并与原有设备相兼容。

7.6.3 管理设施房屋建筑改扩建总体规划应结合现状，充分利用原有设施。当场区内原有房屋建筑布局与主体工程冲突且无法避开时，可拆除占压建（构）筑物新建。

7.6.4 建（构）筑物改扩建应与原有建筑的形式、功能及结构等相结合，新增建筑可采用拼接、新旧单体组合等技术措施与原有建筑进行组合，组合后的建筑应满足改扩建后的功能及使用需求。

7.6.5 新增或改扩建的收费天棚宜保持原有建筑风格，原址扩建的收费天棚可采用新旧结构拼接方案。

7.6.6 收费天棚改扩建宜采用对正常收费业务影响较小的结构形式，改扩建不宜对收费业务造成较大影响，确因改扩建影响到收费业务时，应采取必要的措施保障通行。

7.6.7 对于不符合现行建筑节能标准，本次改扩建又继续使用的建筑物，宜按照相关标准进行建筑节能改造。

8 隧道交通工程与附属设施

8.0.1 应根据主体工程改扩建方案，结合调查与评价结果及总体设计方案，按照现行标准规范确定隧道监控、消防等级，对隧道照明、通风、供配电、消防、监控、通信等设施进行改扩建，使其满足运营需求。

8.0.2 当新建隧道设有专用逃生通道时，应设置必要的基本照明、应急照明、视频监视、火灾检测、隧道通风、隧道广播等设施。

8.0.3 公路隧道单向采用双洞并列通行时，可按所在路段的车道分配方案推算各洞所应承担的交通量，再乘以双洞交通分配不均匀系数，作为隧道交通工程与附属设施的设计交通量，据此确定隧道监控、消防等级及通风照明设计规模。对于长隧道及特长隧道，调整系数宜为1.05~1.1；对于中短隧道，调整系数宜为1.1~1.2。

条文说明

公路隧道采用分线扩建时，若单向双洞并列通行，需考虑交通量在不同隧道之间的分配问题。对于长隧道及特长隧道，一般情况下会有明确的交通组织方案，规定各车道的通行车型，因此可直接按照该原则结合预测交通量确定各隧道间的交通分配。考虑交通流的随机性，实际计算时在此基础上乘以1.05~1.1的调整系数。

对于中短隧道，车辆进入隧道前一般没有明确的交通组织划分，因此交通流分布的随意性较大，调整系数选取1.1~1.2。

8.0.4 隧道通风设施应根据调查评价结果及改扩建方案进行设计。对于采用分段通风的隧道，改扩建时应充分利用现有的通风设施。当设有专用逃生通道时，通风设计应确保逃生通道的风压大于主洞风压30~50Pa，避免火灾工况下的烟雾由主洞蔓延至逃生通道。

8.0.5 隧道消防及防灾设施扩建时，应结合水源情况调查和评价的结论，对既有公路消防水池、泵房、管道系统等加以充分利用。

8.0.6 采用分线扩建的长隧道和特长隧道，宜在同向分离路基前、隧道口转换车道前设置信息发布设施及车道引导设施，根据不同路幅的交通状况及时调节交通流的分配。

8.0.7 采用扩挖形式扩建的公路隧道，应按扩建以后的隧道运营管理需求进行设计，并应充分利用原有设施。

9 临时交通工程及沿线设施

9.1 一般规定

9.1.1 高速公路改扩建应设置必要的临时安全、服务和管理设施。临时交通工程及沿线设施的设计应满足交通组织和改扩建期间通行需求，并能提供改扩建期间基本的服务、管理功能。

9.1.2 临时交通工程及沿线设施的设计应符合下列规定：

1 应根据交通组织方案，针对分流、通行保障和施工保障的需求进行设计。用于分流的临时设施，其设计应符合相应等级公路交通工程及沿线设施布设的要求；用于通行保障的临时交通工程及沿线设施，其设计标准应与维持通车路段的通行需求相适应；用于保障施工的临时交通工程及沿线设施，其设计应满足正常施工的需要。

2 临时和正式运营的设施应统筹考虑。应充分利用既有公路设施，最大限度地发挥既有设施的综合效益。临时交通工程及沿线设施应考虑设施的通用性和可重复利用性，应便于拆迁和移动。

条文说明

改扩建工程多采用分段、分幅施工，因此临时交通工程及沿线设施要多次移动，但其可重复利用性明显。因此规定在设计中尽可能考虑重复利用，以节约投资。

9.1.3 临时交通工程及沿线设施与永久设施结合设置时，其设计使用年限应满足现行《高速公路交通工程及沿线设施设计通用规范》（JTG D80）的相关规定。

条文说明

本条主要针对临时交通工程及沿线设施和永久设施的结合使用做出设计使用年限的规定。对于单独的临时交通工程及沿线设施，考虑其使用时间长短不一，而且通常金属或非金属材料制作的临时设施一般都可以满足施工期间的临时需要，因此不作具体规定。

9.2 临时交通安全设施

9.2.1 临时交通安全设施应包括用于路网分流、路段通行保障和施工保障等各种场合的设施。

9.2.2 用于路网分流的临时交通安全设施应设于与改扩建施工路段具有交通流分流转换关系的区域路网。应结合改扩建施工的交通组织方案，在路网各分流结点设置交通分流的标志标线、隔离设施等临时设施，临时交通安全设施设置应易于拆装及挪移和重复使用。

9.2.3 用于路段通行保障的临时交通安全设施的设置应符合下列规定：

1 在主体工程改扩建施工需要对原来的出口预告等标志进行拆除之前，应设置替代既有公路主线功能的临时交通标志。该类标志可设置在中央分隔带，标志版面内容可简化，仅保留出口、重要地点、服务设施等信息。中央分隔带有波形梁护栏时，临时标志可固定在中央分隔带护栏的立柱上，其他情况时可设活动式混凝土基础，如图9.2.3所示。

a) 中央分隔带为波形梁护栏　　b) 设活动式混凝土基础

图9.2.3　中央分隔带标志结构

2 高速公路的出口预告、方向地点、限速标志等用于路段通行保障的重要临时交通标志设置在中央分隔带上时，不得侵入建筑限界，标志版面可在满足通行视认性的前提下进行调整。

3 服务区和互通式立体交叉前宜增设3km临时预告标志。

条文说明

1 高速公路采用两侧拼接加宽的方式进行改扩建时，需要在中央分隔带设置的临时交通标志包括：服务区标志、出口预告标志、收费站及预告标志、地点距离标志、限速标志、救援标志等。这些标志一般在改扩建工程开工时事先设置，和路侧的相关标志共同发挥作用，以便给驾驶人一定的过渡适应时间。随着路基拼宽作业的进展，路侧的标志会被拆除，此时依靠中央分隔带临时标志提供相应的信息。

9.2.4 用于施工保障的临时交通安全设施应根据施工交通组织的需要设置，并应符合现行《公路养护安全作业规程》（JTG H30）的相关规定。

9.2.5 高速公路改扩建施工时，应设置完善的施工区临时标志。需进行交通转换时，应设置施工区交通转换的临时交通标志。维持通行的车道和施工作业区之间以及对向行车的车道之间，应设置临时隔离设施。当维持通行路段的车速为60km/h及以上时，临时隔离设施宜采用连续设置并互锁的混凝土护栏预制块、注水（或砂）且连续布设并互锁的水马、波形梁护栏等。

9.2.6 用于路网分流和路段通行保障的临时标志，其图案、颜色、字符形式等应满足现行《道路交通标志和标线》（GB 5768）以及《公路交通安全设施设计规范》（JTG D81）的相关规定。主线临时标志的设置不宜过于集中。字高及汉字的高宽比应满足施工路段维持通行的基本需求，且字高不得小于40cm，重要信息不应遗漏。

9.2.7 改扩建中拆除且不准备在改扩建完成后继续使用的安全设施，宜优先用作临时交通安全设施。

9.2.8 在满足使用条件下，临时标志支撑结构可采用附着于护栏立柱、跨线桥、移动支架等形式。

9.3 临时服务设施

9.3.1 改扩建施工影响既有公路服务设施的正常使用时，宜设置加油站、临时公厕等临时服务设施。

9.3.2 临时服务设施的设置应符合经济适用、安全环保、方便拆移的原则。

9.3.3 设置临时服务设施时，应有相应的指引标识等配套设施。

9.4 临时管理设施

9.4.1 改扩建期间，因改扩建施工对现有设施造成影响，导致无法正常运营时，应视需要设置临时监控、临时通信或临时收费等设施。

条文说明

改扩建过程必然会影响现有管理设施的使用，但对各业务影响的程度是不一样的，有些业务（例如收费业务）在改扩建期间可能需要维持正常运营，有些业务（例如监控业务）无法保证正常运营，因此做出该条规定。

9.4.2 当采用维持通行的改扩建方案且通信设施无法正常运行时，应提供保证收费数据及业务电话等基本通信要求的临时通信方案。

9.4.3 应根据交通组织方案，结合既有公路监控设施的设置情况及施工阶段的通车需求，对关键段落和部位配置移动式可变信息标志、临时监控摄像机等设施。临时监控设施可采用蓄电池、风能、太阳能等供电方式，可借助移动公网传输。

9.4.4 当改扩建施工影响通信管线正常使用时，可设置临时通信线路或借助公网传输。当设置临时通信线路时，可采用架空、直埋或穿管埋设方式。采用架空方式时，宜架设在不受改扩建施工影响的位置；采用穿管埋设方式时，宜与改扩建后所需的管道结合埋设。当借助公网传输时，应有网络安全防护措施。

9.4.5 改扩建过程中，可设置便携式收费设备、移动式收费亭等临时收费设施。

9.4.6 改扩建过程中，可设置移动式发电机组等临时供电设施及临时照明设施。

本细则用词用语说明

1 本细则执行严格程度的用词，采用下列写法：
1）表示很严格，非这样做不可的用词，正面词采用"必须"，反面词采用"严禁"；
2）表示严格，在正常情况下均应这样做的用词，正面词采用"应"，反面词采用"不应"或"不得"；
3）表示允许稍有选择，在条件许可时首先应这样做的用词，正面词采用"宜"，反面词采用"不宜"；
4）表示有选择，在一定条件下可以这样做的用词，采用"可"。

2 引用标准的用语采用下列写法：
1）在标准总则中表述与相关标准的关系时，采用"除应符合本细则的规定外，尚应符合国家和行业现行有关标准的规定"；
2）在标准条文及其他规定中，当引用的标准为国家标准和行业标准时，表述为"应符合《××××××》（×××）的有关规定"；
3）当引用本标准中的其他规定时，表述为"应符合本细则第×章的有关规定"、"应符合本细则第×.×节的有关规定"、"应符合本细则第×.×.×条的有关规定"或"应按本细则第×.×.×条的有关规定执行"。

公路工程现行标准、规范、规程、指南一览表

（2015 年 1 月版）

序号	类别	编　　号	书名（书号）	定价（元）
1	基础	JTG A02—2013	公路工程行业标准制修订管理导则(10544)	15.00
2		JTG A04—2013	公路工程标准编写导则(10538)	20.00
3		JTJ 002—87	公路工程名词术语(0346)	22.00
4		JTJ 003—86	公路自然区划标准(0348)	16.00
5		JTG B01—2014	公路工程技术标准（活页夹版,11814）	98.00
6		JTG B01—2014	公路工程技术标准（平装版,11829）	68.00
7		JTG B02—2013	公路工程抗震规范(11120)	45.00
8		JTG/T B02-01—2008	公路桥梁抗震设计细则(1228)	35.00
9		JTG B03—2006	公路建设项目环境影响评价规范(0927)	26.00
10		JTG B04—2010	公路环境保护设计规范(08473)	28.00
11		JTG/T B05—2004	公路项目安全性评价指南(0784)	18.00
12		JTG B05-01—2013	公路护栏安全性能评价标准(10992)	30.00
13		JTG B06—2007	公路工程基本建设项目概算预算编制办法(06903)	26.00
14		JTG/T B06-01—2007	★公路工程概算定额(06901)	110.00
15		JTG/T B06-02—2007	★公路工程预算定额(06902)	138.00
16		JTG/T B06-03—2007	★公路工程机械台班费用定额(06900)	24.00
17		交通部定额站2009 版	公路工程施工定额(07864)	78.00
18		JTG/T B07-01—2006	公路工程混凝土结构防腐蚀技术规范(0973)	16.00
19		交通部2007 年第30 号	国家高速公路网相关标志更换工作实施技术指南(1124)	58.00
20		交通部2007 年第35 号	收费公路联网收费技术要求(1126)	62.00
21		JTG B10-01—2014	公路电子不停车收费联网运营和服务规范(11566)	30.00
22		交通运输部2011 年	公路工程项目建设用地指标(09402)	36.00
23	勘测	JTG C10—2007	★公路勘测规范(06570)	28.00
24		JTG/T C10—2007	★公路勘测细则(06572)	42.00
25		JTG C20—2011	公路工程地质勘察规范(09507)	65.00
26		JTG/T C21-01—2005	公路工程地质遥感勘察规范(0839)	17.00
27		JTG/T C21-02—2014	公路工程卫星图像测绘技术规程(11540)	25.00
28		JTG/T C22—2009	公路工程物探规程(1311)	28.00
29		JTG C30—2002	公路工程水文勘测设计规范(0604)	22.00
30	设计	公路	JTG D20—2006	★公路路线设计规范(0996)	38.00
31			JTG/T D21—2014	公路立体交叉设计细则(11761)	60.00
32			JTG D30—2004	公路路基设计规范(05326)	48.00
33			JTG/T D31—2008	沙漠地区公路设计与施工指南(1206)	32.00
34			JTG/T D31-02—2013	公路软土地基路堤设计与施工技术细则(10449)	40.00
35			JTG/T D31-03—2011	★采空区公路设计与施工技术细则(09181)	40.00
36			JTG/T D31-04—2012	多年冻土地区公路设计与施工技术细则(10260)	40.00
37			JTG/T D32—2012	公路土工合成材料应用技术规范(09908)	42.00
38			JTG D40—2011	★公路水泥混凝土路面设计规范(09463)	40.00
39			JTG D50—2006	★公路沥青路面设计规范(06248)	36.00
40			JTG/T D33—2012	公路排水设计规范(10337)	40.00
41		桥隧	JTG D60—2004	公路桥涵设计通用规范(05068)	24.00
42			JTG/T D60-01—2004	公路桥梁抗风设计规范(0814)	28.00
43			JTG D61—2005	公路圬工桥涵设计规范(0887)	19.00
44			JTG D62—2004	公路钢筋混凝土及预应力混凝土桥涵设计规范(05052)	48.00
45			JTG D63—2007	公路桥涵地基与基础设计规范(06892)	48.00
46			JTJ 025—86	公路桥涵钢结构及木结构设计规范(0176)	20.00
47			JTG/T D65-01—2007	公路斜拉桥设计细则(1125)	28.00
48			JTG/T D65-04—2007	公路涵洞设计细则(06628)	26.00
49			JTG D70—2004	公路隧道设计规范(05180)	50.00
50			JTG/T D70—2010	★公路隧道设计细则(08478)	66.00
51			JTG D70/2—2014	公路隧道设计规范　第二册　交通工程与附属设施(11543)	50.00
52			JTG/T D70/2-01—2014	公路隧道照明设计细则(11541)	35.00
53			JTG/T D70/2-02—2014	公路隧道通风设计细则(11546)	70.00
54		交通工程	JTG D80—2006	高速公路交通工程及沿线设施设计通用规范(0998)	25.00
55			JTG D81—2006	★公路交通安全设施设计规范(0977)	25.00
56			JTG/T D81—2006	★公路交通安全设施设计细则(0997)	35.00
57			JTG D82—2009	公路交通标志和标线设置规范(07947)	116.00
58	综合		交公路发〔2007〕358 号	公路工程基本建设项目设计文件编制办法(06746)	26.00
59			交公路发〔2007〕358 号	公路工程基本建设项目设计文件图表示例(06770)	600.00

续上表

序号	类别	编号	书名（书号）	定价(元)
60	检测	JTG E20—2011	公路工程沥青及沥青混合料试验规程(09468)	106.00
61		JTG E30—2005	公路工程水泥及水泥混凝土试验规程(0830)	32.00
62		JTG E40—2007	★公路土工试验规程(06794)	79.00
63		JTG E41—2005	公路工程岩石试验规程(0828)	18.00
64		JTG E42—2005	公路工程集料试验规程(0829)	30.00
65		JTG E50—2006	★公路工程土工合成材料试验规程(0982)	28.00
66		JTG E51—2009	公路工程无机结合料稳定材料试验规程(08046)	48.00
67		JTG E60—2008	公路路基路面现场测试规程(07296)	38.00
68		JTG/T E61—2014	公路路面技术状况自动化检测规程(11830)	25.00
69	施工	JTG F10—2006	公路路基施工技术规范(06221)	40.00
70	公路	JTJ 034—2000	公路路面基层施工技术规范(0431)	20.00
71		JTG/T F30—2014	公路水泥混凝土路面施工技术细则(11244)	60.00
72		JTG/T F31—2014	公路水泥混凝土路面再生利用技术细则(11360)	30.00
73		JTG F40—2004	公路沥青路面施工技术规范(05328)	38.00
74		JTG F41—2008	公路沥青路面再生技术规范(07105)	25.00
75	桥隧	JTG/T F50—2011	★公路桥涵施工技术规范(09224)	110.00
76		JTG/T F81-01—2004	公路工程基桩动测技术规程(0783)	20.00
77		JTG F60—2009	公路隧道施工技术规范(07992)	42.00
78		JTG/T F60—2009	公路隧道施工技术细则(07991)	58.00
79	交通	JTG F71—2006	★公路交通安全设施施工技术规范(0976)	20.00
80		JTG/T F72—2011	公路隧道交通工程与附属设施施工技术规范(09509)	35.00
81	质检安全	JTG F80/1—2004	公路工程质量检验评定标准 第一册 土建工程(05327)	46.00
82		JTG F80/2—2004	公路工程质量检验评定标准 第二册 机电工程(05325)	26.00
83		JTG G10—2006	公路工程施工监理规范(06267)	20.00
84		JTJ 076—95	公路工程施工安全技术规程(0049)	12.00
85	养护管理	JTG H10—2009	公路养护技术规范(08071)	49.00
86		JTJ 073.1—2001	公路水泥混凝土路面养护技术规范(0520)	12.00
87		JTJ 073.2—2001	公路沥青路面养护技术规范(0551)	13.00
88		JTG H11—2004	公路桥涵养护规范(05025)	30.00
89		JTG H12—2003	公路隧道养护技术规范(0695)	26.00
90		JTG H20—2007	公路技术状况评定标准(1140)	15.00
91		JTG/T H21—2011	★公路桥梁技术状况评定标准(09324)	46.00
92		JTG H30—2004	公路养护安全作业规程(05154)	36.00
93		JTG H40—2002	公路养护工程预算编制导则(0641)	9.00
94	加固设计与施工	JTG/T J21—2011	公路桥梁承载能力检测评定规程(09480)	20.00
95		JTG/T J22—2008	公路桥梁加固设计规范(07380)	52.00
96		JTG/T J23—2008	公路桥梁加固施工技术规范(07378)	30.00
97	改扩建	JTG/T L11—2014	高速公路改扩建设计细则(11998)	45.00
98		JTG/T L80—2014	高速公路改扩建交通工程及沿线设施设计细则(11999)	30.00
99	造价	JTG M20—2011	公路工程基本建设项目投资估算编制办法(09557)	30.00
100		JTG/T M21—2011	公路工程估算指标(09531)	110.00
1	技术指南	交公便字〔2006〕02号	公路工程水泥混凝土外加剂与掺合料应用技术指南(0925)	50.00
2		交公便字〔2006〕02号	公路工程抗冻设计与施工技术指南(0926)	26.00
3		厅公路字〔2006〕418号	公路安全保障工程实施技术指南(1034)	40.00
4		交公便字〔2009〕145号	公路交通标志和标线设置手册(07990)	165.00

注：JTG——公路工程行业标准体系；JTG/T——公路工程行业推荐性标准体系；JTJ——仍在执行的公路工程原行业标准体系。
批发业务电话:010-59757973；零售业务电话:010-85285659(北京)；网上书店电话:010-59757908；业务咨询电话：010-85285922。带"★"的表示有勘误，详见www.yuetong.cn/bzfw/中国交通运输标准服务平台。